MOZI BIOGRAPHY

墨子传

中国历史名人传记

QING QING JIANG

江清清

PREFACE

I am excited to welcome you to the Chinese Biography series. In this series, we will discover lives of some of the most famous people from Chinese history. Each book will introduce a famous Chinese personality whose contributions were immense to shape China's future. The books in Biography series contain numerous lessons in Mandarin Chinese. We start with a brief introduction of the book in the preface (前言), a bit detailed introduction to the person, and continue to dig his life and relevant issues. Each book contains 6 to 10 chapters made of simple Chinese sentences. For the readers' convenience, a comprehensive vocabulary has been provided at the beginning of each chapter. The pinyin for the Chinese text is provided after the main text. Further, to enforce a deeper Chinese learning, the English interpretation of the Chinese text has been purposely excluded from the books. This would help the readers think deeply about the contents the way native Chinese do! In order to help the students of Mandarin Chinese remember important characters, words, long words, idioms, etc., these entities have been purposely repeated throughout the book, and across the books in the series. Taken together, the books in Biography series will tremendously help readers improve their Chinese reading skills.

If you have any questions, suggestions, and feedbacks, feel free to let me know in the review or comments.

You can find more about China and Chinese culture on my blog and Amazon homepage.

I blog at:

www.QuoraChinese.com

-Qing Qing

江清清

©2023 Qing Qing Jiang

All rights reserved.

MOST FAMOUS &

TOP INFLUENTIAL PEOPLE IN

CHINESE HISTORY

SELF-LEARN READING

MANDARIN CHINESE, VOCABULARY,

EASY SENTENCES,

HSK ALL LEVELS

(PINYIN, SIMPLIFIED CHARACTERS)

ACKNOWLEDGMENTS

I am a blogger. It has been a long and interesting journey since I started blogging quite a few years ago.

The blogging passion enabled me to write useful contents. In particular, I have been writing about China, and its culture.

My passion in writing was supported by my friends, colleagues, and most importantly, the almighty.

I thank everyone for constantly inspiring me in my life endeavours.

CONTENTS

PREFACE 2
ACKNOWLEDGMENTS 4
CONTENTS 5
LIFE (人物生平) 7
HISTORICAL BACKGROUND (历史背景) 11
STATUS OF MOZI (名人基本身份) 15
THE CORE OF "MOZI" (《墨子》的核心篇章) 19
MOHISM'S MAIN PROPOSITION (墨家的心论点) 24
FEATURES OF MOHISM (墨家学说特点) 33
ACADEMIC THEORY (学术论) 37

前言

墨子也叫墨翟，又称"墨主"，是活跃于公元前 5 世纪末至 4 世纪初的中国思想家，他因成为孔子及其学徒的第一个主要思想对手而被人们所熟知。墨子的教义被总结为十条论述，在以他名字命名的文本中得到广泛论证，尽管他本人不太可能是文本的作者。这些论述中最著名的是，一个人应该有"不偏不倚"的精神。

Mò zi yě jiào mò dí, yòu chēng"mò zhǔ", shì huóyuè yú gōngyuán qián 5 shìjìmò zhì 4 shìjì chū de zhōngguó sīxiǎngjiā, tā yīn chéngwéi kǒngzǐ jí qí xuétú de dì yīgè zhǔyào sīxiǎng duìshǒu ér bèi rénmen suǒ shúzhī. Mò zi de jiàoyì bèi zǒngjié wéi shítiáo lùnshù, zài yǐ tā míngzì mìngmíng de wénběn zhōng dédào guǎngfàn lùnzhèng, jǐnguǎn tā běnrén bù tài kěnéng shì wénběn de zuòzhě. Zhèxiē lùnshù zhōng zuì zhùmíng de shì, yī gè rén yīnggāi yǒu"bùpiān bù yǐ"de jīngshén.

LIFE (人物生平)

Mozi (墨子, 476/480 BC-390/420 BC), real name Mo Zhai (墨翟), was an ancient Chinese thinker (思想家), educator (教育家), scientist (科学家), military strategist (军事家), and founder (创始人) of the Mohist School (墨家学派).

Since ancient times, China has witnessed countless people with lofty ideals and enthusiastic philosophical ideas. However, very few people really bothered for the poor people as much as Mozi did. Indeed, Mozi was one of those countless people who really cared about the fate of the common people.

Although Mozi was a scholar who had considerable cultural knowledge, he used to be concerned about the poor, labors, and peasants. In particular, he sympathized with the farmers.

In fact, Mozi was the only peasant-born philosopher in Chinese history. He founded the theory of Mohism (墨家) which had a great influence in the pre-Qin period (先秦时期). Together with Confucianism (儒家), it was called Xianxue (显学, Practical Learning), meaning "Phenomenology".

Mozi was a native of the Song State (宋国人) in the late Spring and Autumn Period (春秋末期) and the early Warring States Period (战国初期). He was a descendant of the nobles (贵族) of the Song State. Although his ancestors were nobles, Mozi was the only philosopher of commoner origin (平民出身) in Chinese history. As a commoner (平民), Mozi worked as a shepherd boy (牧童) in his youth and studied carpentry (木工). Legend has it that he was an expert at making defense equipment. The Records of the Grand Historian 《史记》 suggest that Mozi once served as a senior official (大夫) in the Song State.

In his formative years, Mozi decided to go out to visit famous teachers in different states and learn how to govern the country so as to restore the glory that his ancestors once had.

Mozi began to study in various places. He studied Confucianism under the Confucian scholars. He studied several Confucian classics (儒家典籍), such as the Book of Songs 《诗》, and Spring and Autumn Annals 《春秋》. Mozi had good opinions about Yao (尧), Shun (舜), and Yu (大禹).

Mozi admired several aspects of Confucianism, such as filial piety (孝), kindness (慈), benevolence (仁), righteousness (义), etc. Moreover, the terms or concepts used by Mozi to construct the universal love (兼爱) system are essentially the words commonly used by Confucians scholars, including filial piety. Both Mohism and Confucianism advocate the love. However, Mozi criticized the Confucianism for its incorrect attitude towards the Heavenly Emperor (天帝), ghosts and gods (鬼神), fate (命运), elaborate funerals (厚葬), and extravagant rituals and music (奢靡礼乐).

Basically, although Mozi agreed with Confucianism, but not completely. He recognized the values of Confucianism, however, only on the specific issues. He significantly differed with Confucianism on several issues and build his own theories.

Eventually, Mozi gave up Confucianism and established a new school. He went to various places to give lectures, and with strong words, he criticized Confucianism and the tyranny of various vassal states. A large number of farmers, common people, and lower-level scholars began to follow Mozi. Gradually the Mohism school emerged, which became the main opposition faction (反对派) of Confucianism. Before the rise of Legalism, which represented the interests of the new landlord class, Mohism (Xianxue) was the largest school of thought opposed to Confucianism in the pre-Qin period.

Mozi, as the founder of Mohist School, proposed several philosophical ideas, including:

1. Universal love (兼爱): Fraternity,
2. Non-violence (非攻): Non-attack,
3. Respecting the virtuous (尚贤): Exaltation of the virtuous,
4. Shangtong (尚同): Identifying with the Superior. Choose the worthy people in the world, that is, those who are knowledgeable and wise,
5. Heaven's will (天志): Will of Heaven,
6. Minggui (明鬼): Knowing Ghosts,
7. No-ming (非命): No unnatural things (death by accident or violence),
8. No-music (非乐): Non-entertainment,
9. Frugal burial (节葬): Simple burial, and
10. Saving use (节用): Reduce expenses.

Mozi considered universal love as the core (核心) of human values.

There is also a very special point in Mozi's proposition, that is, "no-music" (非乐), which is against all arts, such as music. The reason for such a strange idea is that Mozi believed that although art was good, it would make people addicted to it and they wouldn't be interested to work. For example, the lack of interest in work by the common people will affect the cultivation of textiles, and if the ruler and the ministers were busy listening music, it'd hinder the handling of government affairs. This proposition can be said to expose the presence of the feelings of the common people in Mozi's mind.

Mohism was once a prominent school in the pre-Qin period, representing the political and legal concepts of the middle and lower classes.

Mozi established a set of scientific theories with outstanding ideas in geometry (几何学), physics (物理学), and optics (光学). Hence, he was also called "Sage of Science" (科圣) by later generations.

After Mozi's death, his disciples collected the historical information related to Mozi's life and deeds and compiled in the book "Mozi"《墨子》.

HISTORICAL BACKGROUND (历史背景)

1	孔子	Kǒngzǐ	Confucius	
2	普遍认为	Pǔbiàn rènwéi	General	It is generally believed that
3	世纪末	Shìjìmò	End of the century	
4	哲学家	Zhéxué jiā	Philosopher	
5	孟子	Mèngzǐ	Mencius	
6	战国	Zhànguó	Warring states	
7	山东	Shāndōng	Shandong	
8	河南	Hénán	Henan	
9	大臣	Dàchén	Minister	Secretary
10	反叛	Fǎnpàn	Revolt	Insurgence
11	他们的	Tāmen de	Their	Theirs
12	争斗	Zhēngdòu	Fight	Struggle
13	统治者	Tǒngzhì zhě	Ruler	Sovereign
14	政治上	Zhèngzhì shàng	Political	In politics
15	没有成功	Méiyǒu chénggōng	No success	Without success
16	组织化	Zǔzhī huà	Organize	Systematize
17	大夫	Dàfū	Doctor	Physician
18	门派	Ménpài	Sect	
19	墨家	Mòjiā	Mohist school	
20	致力于	Zhìlì yú	Apply oneself to	Be devoted to
21	我们的	Wǒmen de	Ours	
22	同名	Tóngmíng	Of the same name	Synonym
23	章节	Zhāngjié	Chapters and sections	
24	教义	Jiàoyì	Religious doctrine	Creed

25	救援	Jiùyuán	Rescue	Come to somebody's help
26	派遣	Pàiqiǎn	Send someone on a mission	Dispatch
27	精通	Jīngtōng	Be proficient in	Have a good command of
28	防御性	Fángyù xìng	Defensiveness	
29	侵略者	Qīnlüè zhě	Aggressor	Invader
30	小国	Xiǎoguó	A small country	
31	推测	Tuīcè	Infer	Conjecture
32	军事侵略	Jūnshì qīnlüè	Military aggression	
33	社会阶层	Shèhuì jiēcéng	Social class	
34	充其量	Chōngqí liàng	At most	At best
35	很好地	Hěn hǎo de	Well	Commendably
36	艺术性	Yìshùxìng	Artistry	Artistic quality
37	墨家学说	Mòjiā xuéshuō	The school of Mohism	Mohism
38	普通人	Pǔtōng rén	The average person	Ordinary people
39	经济生活	Jīngjì shēnghuó	Economic life	

Chinese (中文)

墨子的生活细节并不为人知。早期的资料显示，他是孔子的当代人，或生活在孔子的时代之后。可现代学者普遍认为，墨子活跃于公元前5世纪末至4世纪初，在儒家哲学家孟子的时代之前，这使他处于中国古代历史的战国早期（公元前 403-221 年）。人们对他的个人生活知之甚少。一些早期资料说，他和孔子一样，是鲁国（今山东）人，曾一度在宋国（今河南）担任过大臣。根据传统，他曾跟随儒家老师学习，但后来反叛了他们的思想。 与孔子的情况一样，墨子可能在各个争斗的国家之间旅行，向他们的统治者介绍他的思想，希望获得政治上的就业机会，但同样没有成功。

墨子建立了一个高度组织化的准宗教和军事团体，具有相当大的地域影响力。 在"大夫"的监督下，门派成员----"墨家"（mozhe）--的特点是致力于 "我们的老师墨子"的十条论述，其版本在同名文本的 "核心章节 "中得到阐述。 除了宣传墨子的教义外，墨家还发挥了国际救援组织的作用，派遣精通防御性军事技术的成员去援助受到军事侵略者威胁的小国。据推测，这种外联活动源于墨家对所有形式的军事侵略的反对。

一些学者推测，墨子和墨家可能来自比儒家等更低的社会阶层，但证据并不确定，充其量是暗示性的。然而，如果这一猜测属实，它可以很好地解释《墨子》的大部分内容往往是重复的、无艺术性的，以及墨家学说中的反贵族立场，以及墨家为什么如此关注普通人的基本经济生活。

Pinyin (拼音)

Mò zi de shēnghuó xìjié bìng bù wéi rénzhī. Zǎoqí de zīliào xiǎnshì, tā shì kǒngzǐ dí dàng dài rén, huò shēnghuó zài kǒngzǐ de shídài zhīhòu. Kě xiàndài xuézhě pǔbiàn rènwéi, mò zi huóyuè yú gōngyuán qián 5 shìjìmò zhì 4 shìjì chū, zài rújiā zhéxué jiā mèngzǐ de shídài zhīqián, zhè shǐ tā chǔyú zhōngguó gǔdài lìshǐ de zhànguó zǎoqí (gōngyuán qián 403-221 nián). Rénmen duì tā de gèrén shēnghuó zhīzhī shèn shǎo. Yīxiē zǎoqí zīliào shuō, tā hé kǒngzǐ yīyàng, shì lǔ guó (jīn shāndōng) rén, céng yīdù zài sòng guó (jīn hénán) dān rèn guo dàchén. Gēnjù zhuàn tǒng, tā céng gēnsuí rújiā lǎoshī xuéxí, dàn hòulái fǎnpànle tāmen de sīxiǎng. Yǔ kǒngzǐ de qíngkuàng yīyàng, mò zǐ kěnéng zài gège zhēngdòu de guójiā zhī jiān lǚxíng, xiàng tāmen de tǒngzhì zhě jièshào tā de sīxiǎng, xīwàng huòdé zhèngzhì shàng de jiùyè jīhuì, dàn tóngyàng méiyǒu chénggōng.

Mò zi jiànlìle yīgè gāodù zǔzhī huà de zhǔn zōngjiào hé jūnshì tuántǐ, jùyǒu xiāngdāng dà dì dìyù yǐngxiǎng lì. Zài"dàfū"de jiāndū xià, ménpài chéngyuán----"mòjiā"(mozhe)--de tèdiǎn shì zhìlì yú"wǒmen de lǎoshī mò zi"de shítiáo lùnshù, qí bǎnběn zài tóngmíng wénběn de"héxīn zhāngjié"zhōng dédào chǎnshù. Chúle xuānchuán mò zi de jiàoyì wài, mòjiā hái fāhuīle guójì jiùyuán zǔzhī de zuòyòng, pàiqiǎn jīngtōng fángyù xìng jūnshì jìshù de chéngyuán qù yuánzhù shòudào jūnshì qīnlüè zhě wēixié de xiǎoguó. Jù tuīcè, zhè zhǒng wài lián huódòng yuán yú mòjiā duì suǒyǒu xíngshì de jūnshì qīnlüè de fǎnduì.

Yīxiē xuézhě tuīcè, mò zi hé mòjiā kěnéng láizì bǐ rújiā děng gèng dī de shèhuì jiēcéng, dàn zhèngjù bìng bù quèdìng, chōngqíliàng shì ànshì xìng de. Rán'ér, rúguǒ zhè yī cāicè shǔshí, tā kěyǐ hěn hǎo de jiěshì "mò zi" de dà bùfèn nèiróng wǎngwǎng shì chóngfù de, wú yìshùxìng de, yǐjí mòjiā xuéshuō zhōng de fǎn guìzú lìchǎng, yǐjí mòjiā wèishéme rúcǐ guānzhù pǔtōng rén de jīběn jīngjì shēnghuó.

STATUS OF MOZI (名人基本身份)

1	墨子	Mò zi	Mozi, a thinker of the pre-Qin period and founder of Mohism	The Book of Mozi
2	公元前	Gōngyuán qián	BC (Before Christ)	BCE (Before the Common Era)
3	世纪末	Shìjìmò	End of the century	
4	第一个	Dì yīgè	First	The first
5	可能是	Kěnéng shì	May be	Might be
6	一个人	Yī gè rén	One	
7	不偏不倚	Bùpiān bù yǐ	Avoid leaning to either side	Be impartial to
8	简单地	Jiǎndān de	Simply	
9	博爱	Bó'ài	Universal love	Indiscriminate love
10	围攻	Wéigōng	Besiege	Lay siege to
11	侵略者	Qīnlüè zhě	Aggressor	Invader
12	小国	Xiǎoguó	A small country	
13	墨家	Mòjiā	Mohist school	
14	战国	Zhànguó	Warring states	
15	庄子	Zhuāngzi	Respectful name for Zhuang Zhou	Village
16	教派	Jiàopài	Religious sect	Denomination
17	秦朝	Qín cháo	Qin Dynasty (221-206 BC)	
18	思想家	Sīxiǎngjiā	Thinker	
19	决定性	Juédìngxìng	Decisiveness	
20	现存	Xiàncún	Extant	In stock

21	逻辑学	Luójí xué	Logic	Logistics
22	几何学	Jǐhé xué	Geometry	
23	机械学	Jīxiè xué	Mechanics	
24	功利	Gōnglì	Utility	Material gain
25	公元	Gōngyuán	The Christian Era	
26	延续	Yánxù	Continue	Go on

Chinese (中文)

墨子也叫墨翟，又称"墨主"，是活跃于公元前5世纪末至4世纪初的中国思想家，他因成为孔子及其学徒的第一个主要思想对手而被人们所熟知。墨子的教义被总结为十条论述，在以他名字命名的文本中得到广泛论证，尽管他本人不太可能是文本的作者。这些论述中最著名的是，一个人应该本着"不偏不倚"的精神关心人们的福利，不区分自己和他人、伙伴和陌生人，这种学说通常被简单地描述为"博爱"。

墨子创立了一个准宗教和准军事团体，除了宣传十论外，还以其在反围攻技术方面的专长向受到军事侵略者威胁的小国提供援助。与儒家并称，墨家是战国时期（公元前403-221年）最突出的两个思想流派之一，尽管《韩非子》和《庄子》等当代资料表明，墨家此时已经分成了相互对立的教派。

虽然墨家群体可能没有存活到秦朝（公元前221-206年），但墨家思想对中国早期的思想家产生了决定性的影响。在公元前4世纪末和3世纪末之间，后来的墨家写下了现存最早的中国逻辑学论文，以及关于几何学、光学和机械学的作品。

墨家的逻辑学似乎影响了中国早期思想家的论证技巧，而墨家关于功利和公益的观点则帮助塑造了秦汉（公元前 202 年-公元前 220 年）帝国政权的政治哲学和政策决定。通过这些方式，墨家思想一直延续到帝国早期，尽管被吸收到其他中国哲学传统中。

Pinyin (拼音)

Mò zi yě jiào mò dí, yòu chēng"mò zhǔ", shì huóyuè yú gōngyuán qián 5 shìjìmò zhì 4 shìjì chū de zhōngguó sīxiǎngjiā, tā yīn chéngwéi kǒngzǐ jí qí xuétú de dì yīgè zhǔyào sīxiǎng duìshǒu ér bèi rénmen suǒ shúzhī. Mò zi de jiàoyì bèi zǒngjié wéi shítiáo lùnshù, zài yǐ tā míngzì mìngmíng de wénběn zhōng dédào guǎngfàn lùnzhèng, jǐnguǎn tā běnrén bù tài kěnéng shì wénběn de zuòzhě. Zhèxiē lùnshù zhōng zuì zhùmíng de shì, yīgè rén yīnggāi běnzhe"bùpiān bù yǐ"de jīngshén guānxīn rénmen de fúlì, bù qū fèn zìjǐhé tārén, huǒbàn hé mòshēng rén, zhè zhǒng xuéshuō tōngcháng bèi jiǎndān de miáoshù wèi"bó'ài".

Mò zi chuànglìle yī gè zhǔn zōngjiào hé zhǔn jūnshì tuántǐ, chúle xuānchuán shí lùn wài, hái yǐ qí zài fǎn wéigōng jìshù fāngmiàn de zhuāncháng xiàng shòudào jūnshì qīnlüè zhě wēixié de xiǎoguó tígōngyuánzhù. Yǔ rújiā bìng chēng, mòjiā shì zhànguó shíqí (gōngyuán qián 403-221 nián) zuì túchū de liǎng gè sīxiǎng liúpài zhī yī, jǐnguǎn "hánfēizi" hé "zhuāngzi" děng dāngdài zīliào biǎomíng, mòjiā cǐ shí yǐjīng fēnchéngle xiānghù duìlì de jiàopài.

Suīrán mòjiā qúntǐ kěnéng méiyǒu cúnhuó dào qín cháo (gōngyuán qián 221-206 nián), dàn mòjiā sīxiǎng duì zhōngguó zǎoqí de sīxiǎngjiā chǎnshēngle juédìngxìng de yǐngxiǎng. Zài gōngyuán qián 4 shìjìmò hé 3 shìjìmò zhī jiān, hòulái de mòjiā xiě xiàle xiàncún zuìzǎo de zhōngguó luójí xué lùnwén, yǐjí guānyú jǐ hé xué, guāngxué hé jīxiè xué de zuòpǐn.

Mòjiā de luójí xué sìhū yǐngxiǎngle zhōngguó zǎoqí sīxiǎngjiā dì lùnzhèng jìqiǎo, ér mòjiā guānyú gōnglì hé gōngyì de guāndiǎn zé bāngzhù sùzàole qínhàn (gōngyuán qián 202 nián-gōng yuán qián 220 nián) dìguó zhèngquán de zhèngzhì zhéxué hé zhèngcè juédìng. Tōngguò zhèxiē fāngshì, mòjiā sīxiǎng yīzhí yánxù dào dìguó zǎoqí, jǐnguǎn bèi xīshōu dào qítā zhōngguó zhéxué chuántǒng zhōng.

THE CORE OF "MOZI" (《墨子》的核心篇章)

1	传统上	Chuántǒng shàng	Traditionally	
2	被称为	Bèi chēng wèi	Known as	Be known as
3	缺失	Quēshī	Hiatus	Deficiency
4	大师	Dàshī	Great master	Grandmaster
5	历代	Lìdài	Successive dynasties	Past dynasties
6	弟子	Dìzǐ	Disciple	Pupil
7	他们的	Tāmen de	Their	Theirs
8	追随者	Zhuīsuí zhě	Follower	Following
9	学说	Xuéshuō	Theory	Doctrine
10	学术界	Xuéshù jiè	Academic circles	Community of scholars
11	文集	Wénjí	Collected works	
12	出处	Chūchù	Source	Reference
13	很可能	Hěn kěnéng	Very likely	
14	教诲	Jiàohuì	Teaching	Instruction
15	墨家	Mòjiā	Mohist school	
16	名义上	Míngyì shàng	Nominally	
17	我们的	Wǒmen de	Ours	
18	前缀	Qiánzhuì	Prefix	
19	三联体	Sānlián tǐ	Triplet	
20	论题	Lùntí	Proposition	Thesis
21	三合会	Sān hé huì	Triad Society (early Qing anti-Manchu secret society)	

22	在西方	Zài xīfāng	In the west	West
23	耐人寻味	Nàirén xúnwèi	Afford much food for thought	Provide much food for thought
24	三段论	Sānduàn lùn	Syllogism	
25	章节	Zhāngjié	Chapters and sections	
26	措辞	Cuòcí	Wording	Diction
27	不完全	Bù wánquán	Incomplete	Imperfect
28	确切	Quèqiè	Definite	Exact
29	近来	Jìnlái	Recently	Of late
30	影响力	Yǐngxiǎng lì	Influence	
31	教义	Jiàoyì	Religious doctrine	Creed
32	讨好	Tǎohǎo	Ingratiate oneself with	Fawn on
33	句型	Jù xíng	Sentential form	Sentence pattern
34	机智	Jīzhì	Quick-witted	Resourceful
35	论点	Lùndiǎn	Argument	Thesis
36	说服力	Shuōfú lì	Persuasiveness	Authority
37	有说服力	Yǒu shuōfú lì	Convincing	Suave
38	具体情况	Jùtǐ qíngkuàng	Real matters	What is what
39	有可能	Yǒu kěnéng	Be on the cards	
40	艺术性	Yìshùxìng	Artistry	Artistic quality
41	刻意	Kèyì	Painstakingly	Sedulously
42	优先考虑	Yōuxiān kǎolǜ	Give priority to	

Chinese (中文)

传统上被称为《墨子》的文本分为七十一 "章"，其中一些在收到的文本中被标记为 "缺失"。大多数学者认为，《墨子》可能不是由墨子大师本人所写，而是由历代弟子和他们的追随者所写。文本的任何部分都没有声称是墨子写的，尽管许多部分声称记录了他的学说和谈话。

虽然学术界对《墨子》文集不同部分的确切年代和出处仍有激烈而复杂的争议，但第 37 章（所谓的 "核心章节"）很可能来自墨子本人的教诲或来自墨家的形成期，其中包含的教义在社区存在的大部分时间里被其成员名义上遵守着。核心章节中充满了 "我们的老师墨子说的学说"的公式，作为墨子大师教学记录的说法的前缀。然而，很多人推测由于该文本很可能不是墨子本人所写。

核心章节由十个三段式的文章组成，其中七个章节标有 "缺失"。每个三联体的章节都与墨家的十个论题之一相关。 传统上，这些三合会对应于有关论文的 "上"、"中"和 "下"版本；在西方学术界，它们通常被称为相应论文的 "A"、"B "和 "C "版本。 耐人寻味的是，构成每个三段论的章节在措辞上往往非常接近，但又不完全相同，从而引发了关于它们之间的确切关系以及文本如何形成其目前形态的问题。近来一个有影响力的理论是外国学者安格斯提出的，即这些三段论对应于《韩非子》中提到的三个墨家教义的口头传统，《韩非子》是公元前三世纪的哲学文本，与儒家思想家荀子的一个学生有关。

核心章节的大部分内容是以一种并不讨好的风格写成的。 正如伯顿-沃森所说，这种风格的特点是 "句型奇特单调，缺乏一般中国文学中的机智或优雅"。 但华生也承认，墨家的论点 "几乎总是以一种有序和清晰的方式呈现，即使在逻辑上没有说服力"。核心章节的论点在逻辑上是否有说服力，只能视具体情况而定，但至少有可能，这种无艺术性的风格是刻意选择优先考虑论证的清晰性的结果。

Pinyin (拼音)

Chuántǒng shàng bèi chēng wèi "mò zi" de wénběn fēn wéi qīshíyī"zhāng", qízhōng yīxiē zài shōu dào de wénběn zhōng bèi biāojì wèi"quēshī". Dà duōshù xuézhě rènwéi,"mò zi" kěnéng bùshì yóu mò zi dàshī běnrén suǒ xiě, ér shì yóu lìdài dìzǐ hé tāmen de zhuīsuí zhě suǒ xiě. Wénběn de rènhé bùfèn dōu méiyǒu shēngchēng shì mò zi xiě de, jǐnguǎn xǔduō bùfèn shēngchēng jìlùle tā de xuéshuō he tánhuà.

Suīrán xuéshù jiè duì "mò zi" wénjí bùtóng bùfèn dí quèqiè niándài hé chūchù réng yǒu jīliè ér fùzá de zhēngyì, dàn dì 37 zhāng (suǒwèi de"héxīn zhāngjié") hěn kěnéng láizì mò zi běnrén de jiàohuì huò láizì mòjiā de xíngchéng qī, qízhōng bāohán de jiàoyì zài shèqū cúnzài de dà bùfèn shíjiān lǐ bèi qí chéngyuán míngyì shàng zūnshǒuzhe. Héxīn zhāngjié zhōng chōngmǎnle"wǒmen de lǎoshī mò zi shuō de xuéshuō"de gōngshì, zuòwéi mò zi dàshī jiàoxué jìlù de shuōfǎ de qiánzhuì. Rán'ér, hěnduō rén tuīcè yóuyú gāi wénběn hěn kěnéng bùshì mò zi běnrén suǒ xiě.

Héxīn zhāngjié yóu shí gè sān duàn shì de wénzhāng zǔchéng, qízhōng qī gè zhāngjié biāo yǒu"quēshī". Měi gè sānlián tǐ de zhāngjié dōu yǔ mòjiā de shí gè lùntí zhī yī xiāngguān. Chuántǒng shàng, zhèxiē sān hé huì duìyìng yú yǒuguān lùnwén de"shàng","zhōng"hé"xià"bǎnběn; zài xīfāng xuéshù jiè, tāmen tōngcháng bèi chēng wèi xiāngyìng lùnwén de"A","B"hé"C"bǎnběn.

Nàirénxúnwèi de shì, gòuchéng měi gè sānduànlùn de zhāngjié zài cuòcí shàng wǎngwǎng fēicháng jiējìn, dàn yòu bù wánquán xiāngtóng, cóng'ér yǐnfāle guānyú tāmen zhī jiān dí quèqiè guānxì yǐjí wénběn rúhé xíngchéng qí mùqián xíngtài de wèntí. Jìnlái yīgè yǒu yǐngxiǎng lì de lǐlùn shì wàiguó xuézhě ān gé sī tíchū de, jí zhèxiē sānduànlùn duìyìng yú "hánfēizi" zhōng tí dào de sān gè mòjiā jiàoyì de kǒutóu chuántǒng, "hánfēizi" shì gōngyuán qián sān shìjì de zhéxué wénběn, yǔ rújiā sīxiǎngjiā xúnzi de yīgè xuéshēng yǒuguān.

Héxīn zhāngjié de dà bùfèn nèiróng shì yǐ yī zhǒng bìng bù tǎohǎo de fēnggé xiěchéng de. Zhèngrú bó dùn-wò sēn suǒ shuō, zhè zhǒng fēnggé de tèdiǎn shì "jù xíng qítè dāndiào, quēfá yībān zhōngguó wénxué zhōng de jīzhì huò yōuyǎ". Dàn huá shēng yě chéngrèn, mòjiā dì lùndiǎn "jīhū zǒng shì yǐ yī zhǒng yǒu xù hé qīngxī de fāngshì chéngxiàn, jíshǐ zài luójí shàng méiyǒu shuōfú lì". Héxīn zhāngjié dì lùndiǎn zài luójí shàng shìfǒu yǒu shuōfú lì, zhǐ néng shì jùtǐ qíngkuàng ér dìng, dàn zhìshǎo yǒu kěnéng, zhè zhǒng wú yìshùxìng de fēnggé shì kěyì xuǎnzé yōuxiān kǎolǜ lùnzhèng de qīngxī xìng de jiéguǒ.

MOHISM'S MAIN PROPOSITION (墨家的心论点)

1	墨家	Mòjiā	Mohist school	
2	三段论	Sānduàn lùn	Syllogism	
3	有价值	Yǒu jiàzhí	Worthy	Count
4	出身	Chūshēn	Class origin	Family background
5	基本原则	Jīběn yuánzé	Basic doctrine	Basic principle
6	统治者	Tǒngzhì zhě	Ruler	Sovereign
7	才干	Cáigàn	Ability	Competence
8	另一方面	Lìng yī fāngmiàn	On the other hand	The other side of the shield
9	不顾	Bùgù	Disregard	Ignore
10	自然状态	Zìrán zhuàngtài	Natural position	
11	道德观念	Dàodé guānniàn	Moral concepts	
12	必要条件	Bìyào tiáojiàn	Necessary conditions	Requirement
13	适用于	Shìyòng yú	Do for	It lends itself to
14	被认为	Bèi rènwéi	Pass for	Go for
15	普通人	Pǔtōng rén	The average person	Ordinary people
16	王公	Wánggōng	Princes and dukes	The nobility
17	不偏不倚	Bùpiān bù yǐ	Avoid leaning to either side	Be impartial to
18	倾向于	Qīngxiàng	Prefer	Have a

		yú		disposition to
19	为自己	Wèi zìjǐ	For oneself	For himself
20	而不是	Ér bùshì	But not	Instead of
21	陌生人	Mòshēng rén	Stranger	
22	结果是	Jiéguǒ shì	Issue	To come out
23	毫无顾忌	Háo wú gùjì	Completely unscrupulous	
24	牺牲	Xīshēng	A beast slaughtered for sacrifice	
25	自己的	Zìjǐ de	Self	
26	同伙	Tónghuǒ	Work in partnership	Collude with
27	军事侵略	Jūnshì qīnlüè	Military aggression	
28	谴责	Qiǎnzé	Condemn	Blame
29	侵略	Qīnlüè	Invade	
30	无利可图	Wú lì kě tú	No profits will come in	
31	侵略者	Qīnlüè zhě	Aggressor	Invader
32	不道德	Bù dàodé	Immoral	
33	圣贤	Shèngxián	Sages and men of virtue	
34	推翻	Tuīfān	Overthrow	Overturn
35	暴君	Bàojūn	Tyrant	Despot
36	节俭	Jiéjiǎn	Thrifty	Frugal
37	无用	Wúyòng	Useless	Of no use
38	盔甲	Kuījiǎ	A suit of armor	
39	交通工具	Jiāotōng gōngjù	Means of communications	Means of transportation

40	优先于	Yōuxiān yú	Have priority over	Have the precedence of
41	貌似	Màosì	Seemingly	In appearance
42	应用于	Yìngyòng yú	Apply to	
43	丧葬	Sāngzàng	Burial	Funeral
44	精心设计	Jīngxīn shèjì	Meticulously design	Be meticulous in design
45	长时间	Cháng shíjiān	Long	
46	道德规范	Dàodé guīfàn	Moral norm	Moral standards
47	毫无用处	Háo wú yòngchù	Be utterly useless	Be of no use at all
48	在这里	Zài zhèlǐ	Here	Here it is
49	同时代	Tóngshí dài	Coeval	Contemporary
50	描绘	Miáohuì	Describe	Display
51	天命	Tiānmìng	God's will	The mandate of heaven
52	代理人	Dàilǐ rén	Agent	Deputy
53	好人	Hǎorén	Good person	A healthy person
54	坏人	Huàirén	Bad person	Evildoer
55	儒家	Rújiā	The Confucian school	
56	鬼神	Guǐshén	Ghosts and gods	Spirits
57	超自然	Chāozìrán	Supernatural	
58	制裁	Zhìcái	Sanction	Punish
59	怀疑论	Huáiyí lùn	Skepticism	Skepticism
60	他们的	Tāmen de	Their	Theirs
61	教规	Jiàoguī	Canon	Rule

62	德行	Déxíng	Disgusting	Shameful
63	重要作用	Zhòngyào zuòyòng	Play an important role	Significant role
64	宿命论	Sùmìnglùn	Fatalism	Determinism
65	宿命	Sùmìng	Fate	Pre-destination
66	没有影响	Méiyǒu yǐngxiǎng	Make no difference	No effect
67	有害	Yǒuhài	Harmful	Pernicious
68	懒惰	Lǎnduò	Lazy	Idle
69	混乱	Hǔnluàn	Confusion	
70	一般条件	Yībān tiáojiàn	General conditions	
71	学说	Xuéshuō	Theory	Doctrine

Chinese (中文)

下面要介绍了墨家十个三段论的内容以及十个核心论的概要。

第 8-10 章，"举贤"，认为将有价值和有能力的人提升到政府中任职的政策，无论其社会出身如何，是善治的基本原则。 这种政策的正确实施要求统治者通过授予荣誉、奖励财富和授予责任（以及权力）来吸引有才干的人服务。另一方面，统治者不顾其能力而任命亲属和宠臣为官的做法受到谴责。

第 11-13 章，"崇尚统一"，包含了一个自然状态的论证，在此基础上得出的结论是，由统治者和领导人的等级制度持续执行的统一的道德观念是社会和政治秩序的一个必要条件。该论点适用于整个世界社会，被认为是一个单一的道德-政治等级制度，底层是普通人，中间是封建王公，顶层是皇帝，在他之上的是天堂本身。

第 14-16 章，"不偏不倚"，论证了世界麻烦的原因在于人们倾向于为自己的福利而不是为他人的福利，为伙伴的福利而不是为陌生人的福利，其结果是他们经常毫无顾忌地以牺牲他人的利益来为自己或自己的伙伴谋福利。结论是，人们应该关心他人的福利，而不应该区分自己、同伙和陌生人。

第 17-19 章，"反对军事侵略"，谴责军事侵略既无利可图（甚至对侵略者而言）又不道德。C 版介绍了正当战争和非正当战争的区别，声称前者是由正义的古代圣贤统治者为推翻邪恶的暴君而发动的。

第 20-21 章（第 22 章被列为 "缺失"），"节俭开支"（jieyong），认为良好的治理需要统治者节俭开支。无用的奢侈品会受到谴责。这些章节还论证了在制作各种人类工艺品（服装、建筑、盔甲和武器、船只和其他交通工具）时，功能明显优先于形式。

第 25 章（23-24 章貌似是缺失的）"节俭办丧事"的主题与 "节俭开支 "相同，但将其应用于丧葬仪式这一具体案例。精心设计的葬礼和长时间的哀悼等贵族做法被谴责为 "不符合道德规范"，因为它们不仅对解决世界问题毫无用处，而且增加了人民的负担。在这里，墨家的目标是他们同时代的儒家所钟爱的做法，对他们来说，通过严格遵守礼仪规范来维护社会的和谐道德秩序是最好的。

第 26-28 章，"天志"，认为天的意志--被描绘成一个个人的神和天命的代理人，奖励好人，惩罚坏人--是道德上正确的标准。 在这里，墨家再次与儒家形成对比，后者将天视为一种道德但神秘的力量，不直接干预人类事务。

第 31 章（29-30 章也是缺失的），"明鬼"，声称对鬼神的存在、权力和天命的信仰的丧失--天的超自然代理人负责执行其制裁--导致了普遍的不道德和社会及政治混乱。这一章包括与某些怀疑论者的交流，墨子在回答这些怀疑论者时，声称要证明天命之神的存在，而且要证明对其存在的广泛信仰会带来巨大的社会和政治利益。

第 32 章（第 33-34 章被列为"缺失"），"反对音乐"，谴责贵族的音乐表演是不道德的，其依据与"节俭办丧事"中谴责精致的葬礼和长时间的哀悼相同。 就像在那一章中一样，墨家在这里再次攻击了他们的儒家对手所特别珍视的做法，他们认为音乐如果按照古代教规适当演奏，可以在规范道德秩序和培养德行方面发挥重要作用。

第 35-37 章，"反对宿命论"，反对宿命论（人类的智慧和努力对人类努力的结果没有影响的理论），认为它是有害的，因为普遍相信它将导致懒惰和混乱。这几章还包含了对一般条件或标准（传统上称为"学说的三个测试"）的重要讨论，如果任何学说要被认为是合理的，就必须满足这些条件。

Pinyin (拼音)

Xiàmiàn yào jièshàole mòjiā shí gè sānduànlùn de nèiróng yǐjí shí gè héxīn lùn de gàiyào.

Dì 8-10 zhāng,"jǔ xián", rènwéi jiāng yǒu jiàzhí hé yǒu nénglì de rén tíshēng dào zhèngfǔ zhōng rènzhí de zhèngcè, wúlùn qí shèhuì chūshēn rúhé, shì shànzhì de jīběn yuánzé. Zhè zhǒng zhèngcè de zhèngquè shíshī yāoqiú tǒngzhì zhě tōngguò shòuyǔ róngyù, jiǎnglì cáifù hé shòuyǔ zérèn (yǐjí quánlì) lái xīyǐn yǒu cáigàn de rén fúwù. Lìng yī fāngmiàn, tǒngzhì zhě bùgù qí nénglì ér rènmìng qīnshǔ hé chǒng chén wèi guān de zuòfǎ shòudào qiǎnzé.

Dì 11-13 zhāng,"chóngshàng tǒngyī", bāohánle yīgè zìrán zhuàngtài dì lùnzhèng, zài cǐ jīchǔ shàng dé chū de jiélùn shì, yóu tǒngzhì zhě hélǐngdǎo rén de děngjí zhìdù chíxù zhíxíng de tǒngyī de dàodé guānniàn shì shèhuì hé zhèngzhì zhìxù de yīgè bìyào tiáojiàn. Gāi lùndiǎn shìyòng yú zhěnggè shìjiè shèhuì, bèi rènwéi shì yīgè dānyī de dàodé-zhèngzhì děngjí zhìdù, dǐcéng shì pǔtōng rén, zhōngjiān shì fēngjiàn wánggōng, dǐngcéng shì huángdì, zài tā zhī shàng de shì tiāntáng běnshēn.

Dì 14-16 zhāng,"bùpiān bù yǐ", lùnzhèngle shìjiè máfan de yuányīn zàiyú rénmen qīngxiàng yú wèi zìjǐ de fúlì ér bùshì wèi tārén de fúlì, wèi huǒbàn de fúlì ér bùshì wèi mòshēng rén de fúlì, qí jiéguǒ shì tāmen jīngcháng háo wú gùjì de yǐ xīshēng tārén de lìyì lái wèi zìjǐ huò zìjǐ de huǒbàn móu fúlì. Jiélùn shì, rénmen yīnggāi guānxīn tārén de fúlì, ér bù yìng gāi qū fèn zìjǐ, tónghuǒ hé mòshēng rén.

Dì 17-19 zhāng,"fǎnduì jūnshì qīnlüè", qiǎnzé jūnshì qīnlüè jì wú lì kě tú (shènzhì duì qīnlüè zhě ér yán) yòu bù dàodé.C bǎn jièshàole zhèngdàng zhànzhēng hé fēi zhèngdàng zhànzhēng de qūbié, shēngchēng qiánzhě shì yóu zhèngyì de gǔdài shèngxián tǒngzhì zhě wéi tuīfān xié'è de bàojūn ér fādòng de.

Dì 20-21 zhāng (dì 22 zhāng bèi liè wèi"quēshī"),"jiéjiǎn kāizhī"(jieyong), rènwéi liánghǎo de zhìlì xūyào tǒngzhì zhě jiéjiǎn kāizhī. Wúyòng de shēchǐ pǐn huì shòudào qiǎnzé. Zhèxiē zhāngjié hái lùnzhèngle zài zhìzuò gè zhǒng rénlèi gōngyìpǐn (fúzhuāng, jiànzhú, kuījiǎ hé wǔqì, chuánzhī hé qítā jiāotōng gōngjù) shí, gōngnéng míngxiǎn yōuxiān yú xíngshì.

Dì 25 zhāng (23-24 zhāng màosì shì quēshī de)"jiéjiǎn bàn sāngshì"de zhǔtí yǔ"jiéjiǎn kāizhī"xiāngtóng, dàn jiāng qí yìngyòng yú sāngzàng yíshì zhě yījùtǐ ànlì. Jīngxīn shèjì de zànglǐ hé cháng shíjiān de āidào děng guìzú zuòfǎ bèi qiǎnzé wèi"bù fúhé dàodé guīfàn", yīnwèi tāmen bùjǐn duì jiějué shìjiè wèntí háo wú yòngchù, érqiě zēngjiāle rénmín de fùdān. Zài zhèlǐ, mòjiā de mùbiāo shì tāmen tóngshí dài de rújiā suǒ zhōng'ài de zuòfǎ, duì tāmen lái shuō, tōngguò yángé zūnshǒu lǐyí guīfàn lái wéihù shèhuì de héxié dàodé zhìxù shì zuì hǎo de.

Dì 26-28 zhāng,"tiān zhì", rènwéi tiān de yìzhì--bèi miáohuì chéng yīgè gèrén de shén hé tiānmìng de dàilǐ rén, jiǎnglì hǎorén, chéngfá huàirén--shì dàodé shàng zhèngquè de biāozhǔn. Zài zhèlǐ, mòjiā zàicì yǔ rújiā xíngchéng duìbǐ, hòu zhě jiāng tiān shì wéi yī zhǒng dàodé dàn shénmì de lìliàng, bù zhíjiē gānyù rénlèi shìwù.

Dì 31 zhāng (29-30 zhāng yěshì quēshī de),"míng guǐ", shēngchēng duì guǐshén de cúnzài, quánlì hé tiānmìng de xìnyǎng de sàngshī--tiān de chāozìrán dàilǐ rén fùzé zhíxíng qí zhìcái--dǎozhìle pǔbiàn de bù dàodé hé shèhuì jí zhèngzhì hǔnluàn. Zhè yī zhāng bāokuò yǔ mǒu xiē huáiyí lùn zhě de jiāoliú, mò zi zài huídá zhèxiē huáiyí lùn zhě shí, shēngchēng yào zhèngmíng tiānmìng zhī shén de cúnzài, érqiě yào zhèngmíng duì qí cúnzài de guǎngfàn xìnyǎng huì dài lái jùdà de shèhuì hé zhèngzhì lìyì.

Dì 32 zhāng (dì 33-34 zhāng bèi liè wèi"quēshī"),"fǎnduì yīnyuè", qiǎnzé guìzú de yīnyuè biǎoyǎn shì bù dàodé de, qí yī jù yǔ"jiéjiǎn bàn sāngshì"zhōng qiǎnzé jīngzhì de zànglǐ hé cháng shíjiān de āidào xiāngtóng. Jiù xiàng zài nà yī zhāng zhōng yīyàng, mòjiā zài zhèlǐ zàicì gōngjíle tāmen de rújiā duìshǒu suǒ tèbié zhēnshì de zuòfǎ, tāmen rènwéi yīnyuè rúguǒ ànzhào gǔdài jiāoguī shìdàng yǎnzòu, kěyǐ zài guīfàn dàodé zhìxù hé péiyǎng déxíng fāngmiàn fāhuī zhòngyào zuòyòng.

Dì 35-37 zhāng,"fǎnduì sùmìnglùn", fǎnduì sùmìnglùn (rénlèi de zhìhuì hé nǔlì duì rénlèi nǔlì de jiéguǒ méiyǒu yǐngxiǎng de lǐlùn), rènwéi tā shì yǒuhài de, yīnwèi pǔbiàn xiāngxìn tā jiāng dǎozhì lǎnduò hé hǔnluàn. Zhè jǐ zhāng hái bāohánle duì yībān tiáojiàn huò biāozhǔn (chuántǒng shàng chēng wèi"xuéshuō de sān gè cèshì") de zhòngyào tǎolùn, rúguǒ rènhé xuéshuō yào bèi rènwéi shì hé lǐ de, jiù bìxū mǎnzú zhèxiē tiáojiàn.

FEATURES OF MOHISM (墨家学说特点)

1	深深	Shēn shēn	Profoundly	Deeply
2	思想家	Sīxiǎngjiā	Thinker	
3	被认为	Bèi rènwéi	Pass for	Go for
4	困扰	Kùnrǎo	Perplex	Persecute
5	政治问题	Zhèngzhì wèntí	Political question	
6	最重要的是	Zuì zhòngyào de shì	Above all	Above all things
7	秩序	Zhìxù	Order	Sequence
8	哲学家	Zhéxué jiā	Philosopher	
9	寻求	Xúnqiú	Seek	Explore
10	社会事务	Shèhuì shìwù	Community affairs	
11	付诸	Fù zhū	Implement	Submit or present to
12	不仅仅	Bùjǐn jǐn	More than	Not only
13	陈述	Chénshù	State	Declare
14	宇宙	Yǔzhòu	Universe	Cosmos
15	真理	Zhēnlǐ	Truth	
16	扭曲	Niǔqū		
17	倾向于	Qīngxiàng yú	Prefer	Have a disposition to
18	等同于	Děngtóng yú	Equivalent	Be equal to
19	世界上	Shìjiè shàng	On earth	
20	而不是	Ér bùshì	But not	Instead of
21	代理人	Dàilǐ rén	Agent	Deputy
22	团体	Tuántǐ	Organization	Group

23	行事	Xíngshì	Act	Handle matters
24	公共利益	Gōnggòng lìyì	Public advantages	Public interest
25	道德行为	Dàodé xíngwéi	Moral acts	Moral behavior
26	道德品质	Dàodé pǐnzhí	Moral character	
27	准确地	Zhǔnquè de	By rule and line	By the square
28	行为方式	Xíngwéi fāngshì	Way of act	Behavior style
29	个人行为	Gèrén xíngwéi	Individual act	Personal act
30	相一致	Xiāng yīzhì	Correspond to, be consist with	
31	正确性	Zhèngquè xìng	Correctness	Validity
32	孝子	Xiàozǐ	Dutiful son	Submissive and obedient son
33	有利于	Yǒu lìyú	Be instrumental in	Profit

Chinese (中文)

正如中国早期的许多其他哲学概念一样，墨家学说深深植根于思想家对被认为困扰世界的社会和政治问题的反应。最重要的是墨家关注的是为世界的混乱提供一个实际的解决方案，以恢复它的良好秩序。对墨家关注的一个特点是，他们像许多早期的中国哲学家一样寻求并将"道"（道，生活和处理社会事务的正确方式）付诸实践，而不仅仅是发现和陈述宇宙的真理。但在这一基本问题上，还有几个更明显的墨家扭曲。

首先，墨家倾向于将"道"等同于对道德上正确的概念。对他们来说，当世界上出现"正确的规则"而不是"强大的规则"时，就会出现良好的秩序，而当代理人（包括个人和团体）以道德上正确的方式行事时，就会出现"正确的规则"。我们可以理解墨家项目的一种方式是将其视为关注促进公共利益，其中公共利益被定义为社会和政治正义。

第二，墨家学说几乎只关注道德行为而不是道德品质，尽管更准确地说，墨家学说中道德评价的主要对象通常是一种行为方式（对个人而言）或一项政策（对国家而言），而不是个人行为。与这种对行为的关注相一致，在儒家文本中被自然理解为美德或代理人的理想品质的概念（例如，仁和孝）经常被讨论，似乎它们可以被还原为行为的道德正确性。例如，在《节俭办丧事》中，"孝子之事"被定义为有利于世界的行为，而这又是道德正确性的标准。

Pinyin (拼音)

Zhèngrú zhōngguó zǎoqí de xǔduō qítā zhéxué gàiniàn yīyàng, mòjiā xuéshuō shēn shēn zhí gēn yú sāi xiǎng jiā duì bèi rènwéi kùnrǎo shìjiè de shèhuì hé zhèngzhì wèntí de fǎnyìng. Zuì zhòngyào de shì mòjiā guānzhù de shì wèi shìjiè de hǔnluàn tígōng yīgè shíjì de jiějué fāng'àn, yǐ huīfù tā de liánghǎo zhìxù. Duì mòjiā guānzhù de yīgè tèdiǎn shì, tāmen xiàng xǔduō zao qí de zhōngguó zhéxué jiā yì yàng xúnqiú bìng jiāng"dào"(dào, shēnghuó hé chǔlǐ shèhuì shìwù de zhèngquè fāngshì) fù zhū shíjiàn, ér bùjǐn jǐn shì fāxiàn hé chénshù yǔzhòu de zhēnlǐ. Dàn zài zhè yī jīběn wèntí shàng, hái yǒu jǐ gè gèng míngxiǎn de mòjiā niǔqū.

Shǒuxiān, mòjiā qīngxiàng yú jiāng "dào" děngtóng yú duì dàodé shàng zhèngquè de gàiniàn. Duì tāmen lái shuō, dāng shìjiè shàng chūxiàn "zhèngquè de guīzé" ér bùshì "qiángdà de guīzé" shí, jiù huì chūxiàn liánghǎo de zhìxù, ér dāng dàilǐ rén (bāokuò gèrén hé tuántǐ) yǐ dàodé shàng zhèngquè de fāngshì xíngshì shí, jiù huì chūxiàn "zhèngquè de guīzé". Wǒmen kěyǐ lǐjiě mòjiā xiàngmù dì yī zhǒng fāngshì shì jiāng qí shì wéi guānzhù cùjìn gōnggòng lìyì, qízhōng gōnggòng lìyì bèi dìngyì wèi shèhuì hé zhèngzhì zhèngyì.

Dì èr, mòjiā xuéshuō jīhū zhǐ guānzhù dàodé xíngwéi ér bùshì dàodé pǐnzhí, jǐnguǎn gèng zhǔnquè de shuō, mòjiā xuéshuō zhōng dàodé píngjià de zhǔyào duìxiàng tōngcháng shì yī zhǒng xíngwéi fāngshì (duì gèrén ér yán) huò yī xiàng zhèngcè (duì guójiā ér yán), ér bùshì gèrén xíngwéi. Yǔ zhè zhǒng duì xíngwéi de guānzhù xiāng yīzhì, zài rújiā wénběn zhōng bèi zìrán lǐjiě wèi měidé huò dàilǐ rén de lǐxiǎng pǐnzhí de gàiniàn (lìrú, rén hé xiào) jīngcháng bèi tǎolùn, sìhū tāmen kěyǐ bèi huányuán wèi xíngwéi de dàodé zhèngquè xìng. Lìrú, zài "jiéjiǎn bàn sāngshì" zhōng, "xiàozǐ zhī shì" bèi dìngyì wèi yǒu lìyú shìjiè de xíngwéi, ér zhè yòu shì dàodé zhèngquè xìng de biāozhǔn.

ACADEMIC THEORY (学术论)

1	概念上	Gàiniàn shàng	Conceptually	
2	节俭	Jiéjiǎn	Thrifty	Frugal
3	丧葬	Sāngzàng	Burial	Funeral
4	多种多样	Duō zhǒng duōyàng	Varied	In varied forms
5	他们的	Tāmen de	Their	Theirs
6	习惯性	Xíguàn xìng	Habituation	
7	不道德	Bù dàodé	Immoral	
8	学说	Xuéshuō	Theory	Doctrine
9	明确表达	Míngquè biǎodá	Refinement	
10	主题	Zhǔtí	Theme	Subject
11	篇章	Piānzhāng	Sections and chapters	Literary piece
12	文本	Wénběn	Text	Version
13	孟子	Mèngzǐ	Mencius	
14	不适合	Bù shìhé	Unsuited	Inadequacy
15	言论	Yánlùn	Opinion on public affairs	Views on politics
16	意味着	Yìwèizhe	Signify	Mean
17	行为准则	Xíngwéi zhǔnzé	Standard of conduct	Principles of conduct
18	个人行为	Gèrén xíngwéi	Individual act	Personal act
19	国家政策	Guójiā zhèngcè	National policy	
20	言语	Yányǔ	Speak	Talk
21	换句话说	Huàn jù huàshuō	In other words	Say something in other words
22	章节	Zhāngjié	Chapters and	

				sections
23	生活方式	Shēnghuó fāngshì	Lifestyle	Way (or mode) of life
24	信奉	Xìnfèng	Believe in	Embrace
25	明确地	Míngquè de	Definitely	Explicitly
26	教义	Jiàoyì	Religious doctrine	Creed
27	论据	Lùnjù	Grounds of argument	Argument
28	抵御	Dǐyù	Resist	Withstand
29	在争论中	Zài zhēnglùn zhōng	At issue	At jar
30	表述	Biǎoshù	Formulation	
31	反驳	Fǎnbó	Refute	Confute
32	宿命论	Sùmìnglùn	Fatalism	Determinism
33	谈到	Tán dào	Speak of	Talk about
34	问题行为	Wèntí xíngwéi	Problem behavior	
35	反对者	Fǎnduì zhě	Dissenter	
36	完全不同	Wánquán bùtóng	Be totally different	Having nothing in common
37	葬礼	Zànglǐ	Funeral ceremony	Obsequies
38	对应物	Duìyìng wù	Homologue	
39	什么是	Shénme shì	What is	

Chinese (中文)

第三，墨家认为道德上的正确与习惯或传统在概念上是不同的。在 "葬礼中的节俭 "中可以找到一个呼吁这种区别的论点。 墨家指出，中国世界外围的部落民族的丧葬习俗多种多样，并指出，尽管部落的做法在他们的社区内是习惯性的，但这些做法也都被中国的精英观众理解为野蛮和不道德。

第四，对墨家来说，"道"是以"学说"的形式明确表达的主题。在进行这一点之前，必须强调的是，在核心篇章和这一时期的其他文本（例如《孟子》）中，"言"这个词往往不适合作为任何一般意义上的"语言"或"言论"。相反，它往往意味着"学说"或"行为准则"，是一种旨在指导个人行为和国家政策的言语包装。换句话说，我们可以把核心章节中的"言"看作是对"道"概念的言语对应，是一种语言上的公式，它确定了一种生活方式，并指导那些信奉它的人的行为。

墨子和墨家不仅关注推进一种道，他们还明确地将他们的道作为教义来言说，为其提供论据，并为其辩护，以抵御对手的教义。在争论中，他们往往首先将对手的立场表述为对立的学说，然后再试图反驳他们。他们还经常通过他们所谓的"坚持"的学说来识别对手（例如，他们在《反对宿命论》中谈到"那些坚持[理论]（"命运存在"）的人的学说"）。甚至还有一种倾向，认为人们的问题行为主要源于错误的教义，这与对各种反对者立场提出论据的关注完全不同。此外，当墨家评价一种做法或行为方式时，他们有时会从评价与该做法（假定）相对应的教义的角度说话（例如，见"葬礼上的节俭"）。

因此，"十论"作为一个整体可以被看作是墨家学说的总和，它本身就是他们的"道"的口头或语言对应物，是他们对什么是道德的概念。墨家把"道"看作是可以用语言表述的。

Pinyin (拼音)

Dì sān, mòjiā rènwéi dàodé shàng de zhèngquè yǔ xíguàn huò chuántǒng zài gàiniàn shàng shì bùtóng de. Zài"zànglǐ zhōng de jiéjiǎn"zhōng kěyǐ zhǎodào yīgè hūyù zhè zhǒng qūbié dì lùndiǎn. Mòjiā zhǐchū, zhōngguó shìjiè wàiwéi de bùluò mínzú de sāngzàng xísú duō zhǒng duōyàng, bìng zhǐchū, jǐnguǎn bùluò de zuòfǎ zài tāmen de shèqū nèi shì xíguàn xìng de, dàn zhèxiē zuòfǎ yě dū bèi zhōngguó de jīngyīng guānzhòng lǐjiě wèi yěmán hé bù dàodé.

Dì sì, duì mòjiā lái shuō,"dào"shì yī"xuéshuō"de xíngshì míngquè biǎodá de zhǔtí. Zài jìnxíng zhè yīdiǎn zhīqián, bìxū qiángdiào de shì, zài héxīn piānzhāng hé zhè yī shíqí de qítā wénběn (lìrú "mèngzǐ") zhōng,"yán"zhège cí wǎngwǎng bù shìhé zuòwéi rènhé yībān yìyì shàng de"yǔyán"huò"yánlùn". Xiāngfǎn, tā wǎngwǎng yìwèizhe"xuéshuō"huò"xíngwéi zhǔnzé", shì yī zhǒng zhǐ zài zhǐdǎo gèrén xíngwéi hé guójiā zhèngcè de yányǔ bāozhuāng. Huàn jù huàshuō, wǒmen kěyǐ bǎ héxīn zhāngjié zhōng de"yán"kàn zuò shì duì"dào"gàiniàn de yányǔ duìyìng, shì yī zhǒng yǔyán shàng de gōngshì, tā quèdìngle yī zhǒng shēnghuó fāngshì, bìng zhǐdǎo nàxiē xìnfèng tā de rén de xíngwéi.

Mò zi hé mòjiā bùjǐn guānzhù tuījìn yī zhǒng dào, tāmen hái míngquè de jiāng tāmen de dào zuòwéi jiàoyì lái yánshuō, wéi qí tígōng lùnjù, bìng wéi qí biànhù, yǐ dǐyù duìshǒu de jiàoyì. Zài zhēnglùn zhōng, tāmen wǎngwǎng shǒuxiān jiāng duìshǒu de lìchǎng biǎoshù wèi duìlì de xuéshuō, ránhòu zài shìtú fǎnbó tāmen. Tāmen hái jīngcháng tōngguò tāmen suǒwèi de"jiānchí"de xuéshuō lái shìbié duìshǒu (lìrú, tāmen zài "fǎnduì sùmìnglùn" zhōng tán dào"nàxiē jiānchí [lǐlùn]("mìngyùn cúnzài") de rén de xuéshuō"). Shènzhì hái yǒuyī zhǒng qīngxiàng, rènwéi rénmen de wèntí xíngwéi zhǔyào yuán yú cuòwù de jiàoyì, zhè yǔ duì gè zhǒng fǎnduì zhě lìchǎng tíchū lùnjù de guānzhù wánquán bùtóng. Cǐwài, dāng mòjiā píngjià yī zhǒng zuòfǎ huò xíngwéi fāngshì shí, tāmen yǒushí huì cóng píngjià yú gāi zuòfǎ (jiǎdìng) xiāng duìyìng de jiàoyì de jiǎodù shuōhuà (lìrú, jiàn"zànglǐ shàng de jiéjiǎn").

Yīncǐ,"shí lùn"zuòwéi yīgè zhěngtǐ kěyǐ bèi kàn zuò shì mòjiā xuéshuō de zǒnghé, tā běnshēn jiùshì tāmen de"dào"de kǒutóu huò yǔyán duìyìng wù, shì tāmen duì shénme shì dàodé de gàiniàn. Mòjiā bǎ"dào"kàn zuò shì kěyǐ yòng yǔyán biǎoshù de.

www.ingramcontent.com/pod-product-compliance
Lightning Source LLC
LaVergne TN
LVHW062000070526
838199LV00060B/4221